hiwmor
LYN EBENEZER

£2

19/18

CYFRES  TI'N JOCAN

hiwmor
LYN EBENEZER

yLolfa

Argraffiad cyntaf: 2005

© Lyn Ebenezer a'r Lolfa Cyf., 2005

Cartwnau: Elwyn Ioan
Llun y clawr: S4C

Rhif Llyfr Rhyngwladol: 0 86243 846 2

y **Lolfa**

Cyhoeddwyd, argraffwyd a rhwymwyd yng Nghymru
gan Y Lolfa Cyf., Talybont, Ceredigion SY24 5AP
e-bost ylolfa@ylolfa.com
gwefan www.ylolfa.com
ffôn (01970) 832 304
ffacs 832 782

CYNNWYS

CYFLWYNIAD

Yn ôl un arbenigwr ar hiwmor, dim ond un jôc wirioneddol Gymreig sy'n bodoli. Mae hi'n ymwneud â Chymro a longddrylliwyd ac a gafodd ei hun ar ynys unig. Pan achubwyd ef hanner can mlynedd yn ddiweddarach, canfuwyd iddo godi pentref ar yr ynys ar union batrwm y pentref lle y bu'n trigo ynddo yng Nghymru. Ro'dd yno un eglwys, un dafarn, un ysgol, un bont – ond dau gapel. Pan achubwyd ef, gofynnwyd iddo pam yr adeiladodd ddau gapel. Ei ateb o'dd: "Ydych chi'n gweld y capel fan draw? Wel, i hwnna fydda i *ddim* yn mynd."

Wn i ddim a yw honiad yr arbenigwr yn wir. Ond, yn sicr, diolch i'n hiaith unigryw, mae yna nifer fawr o jôcs Cymraeg – jôcs sy'n dibynnu ar eiriau Cymraeg am eu clyfrwch. Yn anffodus, mae yna hefyd gannoedd a miloedd o jôcs sydd ond wedi eu cyfieithu o'r Saesneg – a hynny, yn aml, yn wael.

Peth cwbl bersonol yw hiwmor. Dydi pawb ohonon ni, chwedl y bardd, 'ddim yn gwirioni'r un fath'. I mi, y dynion doniolaf a grëwyd erioed o'dd Laurel a Hardy. Mae eu diniweidrwydd doniol yn rhywbeth oesol. Wnes i ddim erioed, ar y llaw arall, chwerthin gymaint ag unwaith ar Charlie Chaplin. Welais i erioed ddim byd yn ddoniol ynddo. At Laurel a Hardy, ychwanegwch Tommy Cooper, Morcambe a Wise a Les Dawson.

Yn Gymraeg, y dyn doniolaf – a'r tristaf – i mi fod yn ei gwmni erioed o'dd Eirwyn Pontshân. Fel y dywedodd Myrddin ap Dafydd amdano unwaith, ro'dd Eirwyn yn gomedïwr stand-yp cyn i'r term ga'l ei fathu. Un arall y byddwn i'n ffoli arno o'dd Dilwyn Edwards ac ro'dd Charles Williams yn gawr. Charles o'dd y cyflwynydd doniol perffaith ac mae Dai Jones yn olynydd teilwng. Yn achos y pedwar, ro'dd eu hiwmor yn un cynhenid Gymraeg ac atyn nhw, medrwch ychwanegu Alun James o Gilgerran.

Un o greadigaethau doniolaf Cymru yw Ifas y Tryc ac rwy'n hoff iawn o Ffarmwr Ffowc. Mae Idwal hefyd yn greadigaeth wirioneddol wych – heb son am Mrs O T T Thomas. Am berfformiwr cwbl broffesiynol wedyn, anodd iawn o'dd curo Gari Williams. Mae eraill, na wnaf 'u henwi, na wnawn groesi'r stryd i wrando arnyn nhw. Ond, dyna fe, fel y dywedodd y ceffyl wrth gusanu'r mochyn, pawb â'i ffansi.

Yn fy achos i, hwyrach mai'r dylanwad mwya arna i o ran hiwmor o'dd ewythr i mi, Wil Ebenezer, neu Wil Aberdŵr, Tregaron. Hoffwn gyflwyno'r llyfryn bach hwn fel teyrnged goffa iddo fe.

Lyn Ebenezer
Pontrhydfendigaid, Hydref 2005

Y jôc gyntaf glywes i...

Fferyllydd yn gweithio yn ei seler, yn edrych fyny drwy'r gratin ac yn gweld merch ifanc, heb nicyrs, yn troi i mewn i'r siop. I fyny ag e y tu ôl i'r cownter a gofyn iddi sut y medrai 'i helpu. Hithe'n ateb fod ganddi wddf tost.

"Agorwch 'ych ceg," medde'r fferyllydd.

Hithe'n gwneud. A'r fferyllydd yn cellwair drwy ddweud, "Dw i'n gwbod beth sydd wedi achosi'r gwddf tost 'ma i chi. Dych chi ddim yn gwisgo nicyrs."

"Diawl, chi'n glyfar. Gwell i chi gymryd golwg i fyny drwy dwll 'y nhin i weld yw'n het i'n syth."

...gan Wncwl Wil!

Chwarae plant ...

Dau grwt yn cweryla am ddonie 'u tade.

Crwt 1: "Ti wedi clywed am y Suez Canal? Wel, Dadi fi na'th 'i gloddio fe."

Crwt 2: "Dyw hynna'n ddim byd. Ti wedi clywed am y Môr Marw? Wel, Dadi fi laddodd e."

★   ★   ★

Ficer newydd wedi dod i'r ardal ac yn cyfarfod â merch fach yn arwain ci ar dennyn.

"Helo, 'mechan i," medde'r Ficer, "a beth yw'ch enw chi te?"

"Petal," medde'r ferch fach.

"Wel, wel," medde'r Ficer, "mae'n rhaid bod esboniad diddorol i'r enw."

"O's," medde'r ferch fach yn swil. "Pan ges i 'y ngeni 'yn y sbyty, fe dda'th Dad draw â bwnsh o rosynne, ac wrth iddo 'u rhoi nhw i Mam, fe ddisgynnodd un petal ar 'y moch i. Ac fe alwon nhw fi'n Petal."

"Neis iawn," medde'r Ficer. "A beth ydi enw'ch ci bach chi?"

"Porci," medde'r ferch fach.

"Wel, wel," medde'r Ficer. "Diddorol iawn. Ma'n rhaid bod esboniad diddorol y tu ôl i hynna 'fyd. Ond peidiwch â dweud wrtha i – gadwch i fi ddyfalu. Nawr, mae'n rhaid 'ych bod chi'n galw'ch ci bach yn Porci am 'i fod e'n dew!"

"Na," medde'r ferch fach. "Ry'n ni'n ei alw fe'n Porci am ei fod e'n hoffi shago moch."

★   ★   ★

Ficer newydd (un arall) yn cerdded o gwmpas y pentre er mwyn dod i 'nabod 'i blwyfolion. A dyma fe'n cyfarfod â bachgen bach o'dd yn chwarae pêl. Ro'dd y crwt yn bownsio'r bêl ac yn llafarganu i gyfeiliant y bêl yn taro'r pafin.

"Blydi... Saeson... prynu... tai... Blydi... Saeson... prynu... tai..."

Fe synnodd y Ficer, a dyma fe'n dechrau ceryddu'r crwt.

"Nawr, nawr! Ddylech chi ddim dweud pethe fel'na! Be ddwede Iesu Grist?"

"Pwy yw hwnnw?"

Fe synnodd y Ficer yn fwy fyth. "Chi ddim wedi clywed am Iesu Grist?"

"Nadw."

"Wel, fe ddyweda i 'i hanes e wrthoch chi nawr. Fe anwyd Iesu Grist mewn stabal. Ydych chi'n gwybod pam?"

"Ydw," medde'r crwt, gan ailddechrau bownsio'r bêl. "Blydi... Saeson... prynu... tai... Blydi... Saeson... prynu... tai..."

★   ★   ★

Athro yn yr ysgol yn gofyn i'r plant pwy o'dd y cynta i hedfan dros Fôr Iwerydd, a phlentyn yn y cefen yn codi 'i law.

"Ie, Tomi? Pwy o'dd y cynta i hedfan dros Fôr Iwerydd?"

"Mike Tyson, syr."

"Nage, Tomi. Y cynta i hedfan dros Fôr Iwerydd o'dd Allcock and Brown."

"Dyna beth ddwedes i, syr. Mike Tyson."

★   ★   ★

Plentyn bach yn yr ysgol yn codi 'i law, a'r athrawes yn gofyn iddo beth o'dd e'i isie.

"Plîs, Miss — fi isie piso."

Fe wylltiodd yr athrawes braidd. "Tomi," medde hi, "peidiwch byth â dweud hynna eto. Y tro nesa dywedwch 'ych bod chi am neud Nymbyr Wan."

Yn nes ymlaen dyma blentyn bach arall yn codi 'i law.

"Ie, John," medde'r athrawes. "Beth sy'n bod?"

"Eisie caca, Miss."

"Plîs, Miss – fi isie piso."

Fe wylltiodd yr athrawes eto. "Nawr te, John, y tro nesa dwedwch 'ch bod chi am neud Nymbyr Tŵ."

Ar ddiwedd y prynhawn, dyma blentyn bach arall yn codi 'i law, a'r athrawes y tro hwn yn ceisio achub y blaen.

"Ie, Dafydd, beth sy'n bod? Ych chi am neud Nymbyr Wan?"

"Nadw, Miss."

"Ych chi am neud Nymbyr Tŵ?"

"Nadw, Miss."

"Wel, beth y'ch chi eisie te?"

"Dwi ddim eisie dim byd, Miss. Ond mae Leusa fan hyn eisie taro rhech, a dyw hi ddim yn gwybod pa nymbyr i ofyn amdano."

Ffermwr wedi colli dafad, ac yn cerdded y ffordd fawr yn chwilio amdani. Dyma fe'n cwrdd â chymydog yn pwyso ar glwyd.

"Welest ti ddim dafad yn crwydro'r ffordd hyn dofe?"

"Do, fe a'th hi heibio tua chwarter awr yn ôl."

"Dafad Gwmrâg o'dd hi?"

"Diawl, sgen i 'im syniad. Ches i ddim amser i siarad â hi."

★　★　★

Fe brynodd rhyw ffermwr dabledi gan y fferyllydd ar gyfer ffrwythloni un o'i feirch, er mwyn sicrhau 'i fod e'n fwy awyddus. Cafodd ddwy dabled, ond rhybuddiwyd e petai'r dabled gynta'n gweithio, y dyle fe waredu'r llall mewn lle diogel achos y galle hi fod yn beryglus i bobol. Fe weithiodd y dabled gynta mor dda fel y penderfynodd y ffermwr y bydde hi'n llesol iddo fe lyncu'r ail. Ymhen deuddydd ro'dd 'i glustie'n tyfu'n hir, 'i ên yn tyfu lawr a dechreuodd weryru. A'th yn ôl at y fferyllydd. Pan welodd hwnnw fe, anfonodd e'n syth at y meddyg. Ar ôl archwilio fe am ychydig, fe ysgrifennodd y meddyg ar ddarn o bapur a'i roi i'r ffermwr diolchgar.

"Diawl, diolch, doctor. Presgripsiwn, ife?"

"Nage," medde'r doctor. "Trwydded yn caniatáu i ti gachu ar y stryd."

★ ★ ★

R o'dd ffermwr blaengar iawn yn byw mewn ardal arbennig. Fe o'dd y cynta i ga'l unrhyw beth newydd. Fe o'dd y cynta yn y fro i brynu Ffyrgi Bach. Fe o'dd y cynta i greu silwair. Fe o'dd y cynta i fanteisio ar wasanaeth yr *AI*. Pan fu farw, yn driw i draddodiad y tad, penderfynodd y plant osod carreg ar 'i fedd drannoeth yr angladd. Yn anffodus, doedd y ddaear ddim wedi setlo, a dechreuodd y garreg ogwyddo. Yr unig ateb o'dd clymu weiren o gwmpas y garreg a'i hangori wrth goeden gyfagos.

Y bore Sul nesa, wrth i gymdogion fynd i'r eglwys, dyma un cymydog yn dweud wrth y llall. "Edrych, mae'r diawl wedi achub y blaen arnon ni 'to. Mae e wedi ca'l ffôn i mewn!"

★ ★ ★

R o'dd dau ffrind yn cerdded adre drwy'r caeae ar ôl bod ar y cwrw drwy'r prynhawn. Teimlodd y ddau alwad natur ac fe gwtshodd y ddau ym môn clawdd i wneud 'u busnes. Wrth iddyn nhw gwtsho yno fe hedfanodd awyren jet yn isel uwch 'u penne – mor isel nes iddi bron iawn â chribo brig y berth. Fe gafodd un o'r ddau ofon marwol a dechreuodd y llall edliw hyn iddo fe.

"Ges ti ofon fan'na nawr, on'd do fe?"

"Naddo, ches i ddim ofon."

"Do, glei. Fe weles i ti'n crynu."

"Naddo, ches i ddim ofon o gwbwl."

"Wel, os na ches ti ofon, pam ddiawl wyt ti'n sychu 'nhin i te?"

Jôcs Diwydiannol

Tad yn mynd â'i fab i'r gwaith glo am y tro cynta, ac yn ystod y prynhawn dyma'r ddau yn mynd i biso. Fe sylwodd y mab ar rywbeth rhyfedd iawn.

"Dada," medde fe, "mae'n pishyn ni'n dou'n ddu. Ond mae 'na ddyn yr ochr arall i fi â'i bishyn e'n wyn."

"O's, debyg," medde'r tad. "Twm Jôs yw e, ac mae Twm yn mynd adre at 'i wraig dros ginio bob dydd."

★   ★   ★

Cwestiwn: Pa nodyn gewch chi pan fydd piano'n disgyn i lawr i bwll glo?
Ateb: A Flat Minor.

★   ★   ★

Hen löwr yn mynd â'i filgi am dro yn y parc. Pwy dda'th i'w gyfarfod ond rhyw fenyw uchel-ael yn arwain dau bwdl ar dennyn. Fe a'th y milgi draw at y pwdls a dechre dangos diddordeb. Ond dyma'r fenyw barchus yn tynnu ar y tennyn ac yn rhoi gorchymyn i'r ddau gi.

"Dere nôl, Bach."

"Tchaicovski, Stravinski, dewch 'ma."

A dyma'r hen löwr yn galw'n dawel ar 'i filgi, "Dere nôl, Bach."

★ ★ ★

Ro'dd pobydd arbennig yn enwog am ei ddiffyg glanweithdra. Da'th swyddog hylendid i w'bod am hyn ac ymwelodd â siop y pobydd gan esgus bod yn gwsmer. Pan gyrhaeddodd, ro'dd y pobydd wrthi'n paratoi tarten. Trodd i weini ar y swyddog.

"Ie, be chi'n moyn?"

"Na, na," medde hwnnw, "gorffennwch chi'ch gwaith yn gynta. Mae gen i ddigon o amser."

"Iawn," medde'r pobydd, gan danio sigarét a'i chadw yn ei geg tra o'dd e wrthi'n rholio'r toes. Gwingai'r swyddog o weld hyn. Yn wir, a'th pethe'n wa'th wrth i lwch sigarét ddisgyn ar y toes. Yna disgynnodd darn o does ar y llawr. Cododd y pobydd y darn, a'i rwbio yn 'i ffedog cyn 'i ailosod gyda gweddill y toes. Yna poerodd ar y toes er mwyn i neud ychydig bach yn fwy llaith. Cododd gyllell rydlyd i dorri'r toes. Ac yna, yn goron ar y cyfan, ar ôl taenu'r toes dros yr afale ar y plât, tynnodd 'i ddannedd gosod a'u defnyddio i wneud patryme ar hyd ymyl y darten. Wedi iddo orffen a rhoi'r darten yn y ffwrn, trodd at y swyddog. "Iawn, dyna ni. Beth alla i neud i chi?"

"Llawer iawn," medde'r swyddog. "Nid cwsmer ydw i ond swyddog hylendid, a dydw i ddim wedi gweld enghraifft waeth erioed o ddiffyg glanweithdra."

"Be chi'n feddwl?"

"Be dwi'n feddwl?! Diawch eriod ddyn, dyma chi'n smygu wrth goginio, yn codi toes oddi ar y llawr a'i ailddefnyddio. Yn poeri ar y toes. Defnyddio cyllell rydlyd. Ac, o bob peth, yn defnyddio'ch dannedd gosod i roi patrwm ar y crwst. Does gennych chi ddim twlsyn?"

"Wel, oes," medde'r pobydd, "wrth gwrs bod gen i dwlsyn. Shwd ddiawl chi'n meddwl y bydda i'n gwneud y tylle yn y donyts?"

⋆   ⋆   ⋆

Menyw ar 'i phenglinie'n hel cocos ym Mhenclawdd pan neidiodd asyn ar 'i chefen. Na'th y fenyw ddim hyd yn oed troi 'i phen, dim ond dweud: "Sgen i ddim syniad pwy 'ych chi, ond fe fydda i yma bob bore dydd Iau."

Y Gyfraith

Barnwr mewn llys yn paratoi i ddedfrydu dyn a gafwyd yn euog o drosedd:

"Ac yn awr, cyn i mi eich dedfrydu chi, oes gennych chi unrhyw beth i'w ddweud?"

"Bygyr ôl," medde'r dyn yn swta.

Na'th y Barnwr ddim deall, felly dyma fe'n troi at y Clerc.

"Beth ddywedodd e?"

Dyma'r Clerc, braidd yn embaras, yn ateb, "Fe ddwedodd e... hmmm... bygyr ôl, Syr."

"Wel," medde'r Barnwr, "dyna beth od. Fe allwn i dyngu i fi weld 'i wefusau'n symud."

★   ★   ★

Pan ohiriwyd sesiwn o Lys yr Ynadon yn gynnar am y dydd, fe benderfynodd Cadeirydd y Fainc fynd ar y cwrw. Fe feddwodd yn rhacs gan chwydu dros 'i siwt ore. Pan gyrhaeddodd adref, ei esboniad i'w wraig o'dd iddo orfod dedfrydu meddwyn, ac, wrth iddo wneud hynny, bod y meddwyn wedi chwydu drosto.

"Gobeithio i ti roi dedfryd drom iddo fe,"

medde'i wraig.

"Do," medde'r Cadeirydd. "Fe anfonais i fe i garchar am dri mis."

Y bore wedyn, ro'dd y Cadeirydd yn bwyta'i frecwast, a dyma'i wraig yn galw o'r llofft.

"Cariad?"

"Ie, beth sy'n bod?"

"Wyddost ti'r meddwyn 'na wnest ti 'i garcharu ddoe?"

"Beth amdano fe?"

"Faint yn union o garchar gafodd e?"

"Tri mis."

"Wel, fe ddylet ti fod wedi 'i garcharu fe am chwe mis o leia. Mae'r mochyn diawl wedi cachu yn dy drowser di 'fyd!"

Jôcs Creaduriaid

Fe drefnwyd gêm rygbi rhwng anifeiliaid a thrychfilod. O'r dechrau fe a'th yr anifeiliaid ati i sgorio cais ar ôl cais, gyda'r bêl yn symud yn ddidrafferth oddi wrth y llewpard (a o'dd yn gefnwr) i'r panther (a o'dd yn faswr); hwnnw'n pasio i'r llew (y mewnwr) – ac ar draws i'r teigr yn y canol; allan i'r asgell i'r ewig, a hwnnw'n croesi'n ddidrafferth. Ar ben hynny, ro'dd y trychfilod un chwaraewr yn brin. Erbyn hanner amser ro'dd hi'n 150 - 0 i'r anifeiliaid.

Fe ailgychwynnodd y gêm, a dyma'r symudiad yn cychwyn eto: y llewpard i'r panther, i'r llew, i'r teigr, i'r ewig – a hwnnw ar fin croesi pan daclwyd ef gan y neidr gantroed, a o'dd newydd ddod ar y cae.

"Da iawn ti!" medde'r chwilen ddu, capten y trychfilod. "Ond lle ddiawl fuest ti tan nawr?"

A'r neidr gantroed yn ateb: "Yn gwisgo'n sgidie!"

★   ★   ★

Sut mae troi cath yn gi?
    Ry'ch chi'n arllwys petrol dros y gath. Yna

camwch yn ôl, taniwch fatsien a'i thaflu ati. Ac yn sydyn, mae hi'n mynd "Wff!"

★   ★   ★

Un noson, fe gerddodd dyn dieithr i mewn i dafarn gydag octopws dan 'i gesail. Fe osododd yr octopws ar y cownter a galw am beint. Ar unwaith, fe dda'th yr octopws yn destun sylw. Fe esboniodd y dyn dieithr fod yr octopws yn greadur cerddorol iawn ac y galle fe chware unrhyw offeryn cerdd dan haul. Ro'dd y dyn yn fodlon betio pumpunt nad o'dd unrhyw offeryn na fedre'r octopws 'i chwarae.

Fe heriodd y tafarnwr yr octopws i chware'r piano. Cododd y dyn yr octopws a'i osod ar sedd y piano. Ar unwaith, dyma'r creadur yn chwarae'r 'Blue Danube' yn gelfydd iawn.

Y nesa i herio'r octopws o'dd un o'r cwsmeried. Fe dynnodd hwnnw drwmped allan o'i boced a'i roi i'r octopws. Fe afaelodd y creadur yn yr offeryn a chwarae 'Basin Street Blues'. Ac wrth i'r nos fynd yn ei blaen ro'dd yr octopws wedi ateb pob her, gan ennill i'w berchennog gelc bach da iawn. Wrth i gloch y bar ganu am yr archebion ola, fe gyrhaeddodd Albanwr yn cario bagbib. A phan glywodd hanes y dyn a'r octopws, fe heriodd y creadur i chwarae'r bagbib. Derbyniwyd yr her, ac fe osododd yr Albanwr ei fagbib ar y llawr. Am rai munude bu'r octopws yn syllu ar y bagbib gan gerdded o'i gwmpas yn llawn chwilfrydedd a'i gyffwrdd yn ysgafn yn awr ac yn y man.

"Dyna ni," medde'r Albanwr wrth y perchennog, "mae e wedi methu â chwarae'r bagbib. Dere â phumpunt i fi."

"Gan bwyll," medde'r perchennog. "Rho funud arall iddo fe. Pan wneith e sylweddoli na all e 'i shago, yna fe wneith e 'i chware fe."

★   ★   ★

Un prynhawn, fe n'ath dwy wylan gyfarfod ger y bandstand ar Brom Aberystwyth. "Jiw," medde un wrth y llall, "ble ry'ch chi'n byw?"

"O, fyny ar Graig Lais fan draw. Ble ry'ch chi'n byw te?"

"O, rwy'n byw ar y Pier draw fan co."

"Wel, wel," medde gwylan Craig Lais, "peth od bod ni ddim wedi cwrdd o'r bla'n 'fyd."

"Od iawn," medde gwylan y Pier. "Ond beth am i ni ddod i nabod 'yn gilydd yn well? Dewch draw i de, bnawn dydd Sul."

"Iawn. Faint o'r gloch?"

"Pedwar. Cofiwch nawr."

Erbyn pedwar o'r gloch ddydd Sul ro'dd gwylan y Pier wedi paratoi te a tharten a jeli a ffrwythe. A phopeth yn barod. Fe dda'th pedwar o'r gloch, ond doedd dim sôn am wylan Craig Lais. A'th yn chwarter wedi. A'th yn hanner awr wedi, ond doedd dal dim sôn amdani. Ro'dd gwylan y Pier yn teimlo'n reit ddig ar ôl mynd i'r holl drafferth. Yna, am hanner awr wedi pump, dyma wylan Craig Lais yn cyrraedd.

"Wel, wel – o'r diwedd!" medde gwylan y Pier. "Ble ddiawl rwyt ti 'di bod?"

"Sori," medde gwylan Craig Lais, "ond ro'dd hi'n brynhawn mor hyfryd, fe wnes i benderfynu cerdded."

★   ★   ★

Ro'dd hi'n aeaf caled, a phob creadur yn crynu ac yn rhynnu yn yr oerfel. Fe fu'n ormod i un aderyn bach, a disgynnodd oddi ar gangen yn anymwybodol i'r ddaear. A dyna lle'r o'dd e, yn araf rewi wrth ymyl cae. Yna, dyma fuwch yn agosáu, ac yn pori wrth ymyl yr aderyn. Ac yna, dyma'r fuwch yn caca, a hynny ar ben yr aderyn bach.

Yng nghynhesrwydd y caca, fe ddadmerodd yr aderyn. Fe dda'th cynhesrwydd yn ôl i'w gorff a dechreuodd 'i waed bwmpio'n gryf drwy 'i wythienne unwaith eto. Dechreuodd symud 'i goese a'i adenydd yn y cynhesrwydd. Ond, uwch 'i ben, hofranai barcud. A phan welodd hwnnw'r symudiad, plymiodd i'r ddaear, gafaelodd yn yr aderyn bach yn 'i grafange a'i gipio i'w nyth yn ysglyfaeth. Moeswers

I frecwast bob bore câi ganddi hanner sleisen o facwn,
hanner tomato, hanner sosej a hanner wy…

yw'r stori sy'n 'ych rhybuddio: os byth y cewch chi'ch hun yn y caca, derbyniwch eich ffawd. Peidiwch â cheisio dod allan ohono.

★   ★   ★

Ro'dd dyn yn lletya mewn tŷ lle'r o'dd y landledi'n enwog am fod yn grintachlyd. I frecwast bob bore câi ganddi hanner sleisen o facwn, hanner tomato, hanner sosej a hanner wy, ynghyd â hanner llond llwy o fenyn. A dyna o'dd 'i arlwy bob bore yn ddi-ffael. Doedd y lodjyr ddim am greu helynt, felly bydde fe'n derbyn y cyfan heb ddweud yr un gair. Ond, un bore, fe welodd fod newid bychan yn yr arlwy. O'dd, ro'dd yr hanner sleisen o facwn yno, yr hanner tomato, yr hanner sosej a'r hanner wy. Ond yn lle'r hanner llwyaid o fenyn, ro'dd hanner llwyaid o fêl.

"Wel, wel," medde'r lodjyr. "Wyddwn i ddim 'ych bod chi'n cadw gwenynen!"

★   ★   ★

Ro'dd consuriwr yn diddanu'r teithwyr ar fwrdd y Titanic. Ro'dd parot yn clwydo ar 'i ysgwydd, a hwnnw, yn anffodus, yn datgelu cyfrinache tricie 'i berchennog. Pan fydde'r consuriwr yn gwneud i bêl ddiflannu, bydde'r parot yn gweiddi, "Mae hi yn 'i boced e!" Pan fydde'r consuriwr yn gofyn i'r gynulleidfa ddyfalu pa gerdyn bydde fe'n 'i guddio, bydde'r parot yn gweiddi, "Deg o Galonnau!" Fe wnâi hyn i'r consuriwr fynd braidd yn gas, gan roi ambell slap i'r parot, a bydde hwnnw wedyn yn pwdu.

Un noson, ar ganol y sioe, fe drawodd y llong yn erbyn mynydd iâ, ac fe suddodd. Yn ffodus iawn i'r consuriwr, fe lwyddodd i ga'l hyd i ddarn o bren. Ac ar hwnnw fe arnofiodd, gyda'r parot yn dal yn clwydo ar 'i ysgwydd. Am ddyddie, bu'r ddau yn arnofio ar y tonne gyda'r parot yn benisel a ddim yn fodlon dweud dim byd. Yna, ar ôl tua wythnos, dyma'r parot yn codi 'i ben ac yn dweud, "Ôl reit, rwy'n ildio. Lle cuddiest ti'r blydi llong?"

* * *

Dau ddyn yn cerdded drwy'r jyngl ac yn gweld llew anferth yn dynesu. Fe stopiodd un o'r ddau gan dynnu 'i sgidie a gwisgo trênyrs ysgafn yn 'u lle. Fe synnwyd y llall.

"Diawl," medde fe, "beth yw'r pwynt? Fedri di byth redeg yn gynt na'r llew."

"Na fedra," medde'r dyn arall. "Ond yr hyn sy'n bwysig yw y medra i redeg yn gynt na ti nawr!"

* * *

Menyw yn galw yn siop y cigydd ac yn gofyn iddo am hwyaden wyllt.

"Diawl," medde'r cigydd, "does gen i ddim hwyaden wyllt. Ond mae gen i un ddof. Ydych chi am i fi 'i hala hi'n gas?"

* * *

Meddwyn wrth gownter y dafarn yn gofyn i'r barmêd, "Esgusodwch fi, bach, ond o's coese gan lemon?"

Edrychodd y ferch braidd yn hurt cyn ateb, "Nac o's. Wrth gwrs nag o's coese gan lemon."

"Wel," medde'r meddwyn, "os hynny, bach, rwy'n ofni 'mod i wedi gwasgu'ch caneri chi i mewn i'r jin."

Jôcs Doctor
(Sori, Tommy Cooper)

"Doctor, doctor, rwy wedi torri 'mraich mewn nifer o fanne."

"Wel, peidiwch â mynd i'r manne 'ny 'to te."

★ ★ ★

"Doctor, doctor, drwy'r nos fe wnes i freuddwydio mai fi o'dd Pont y Borth."

"Wel, wel. Beth dda'th drostoch chi?"

"Tair lori, bws, saith car a motor-beic."

★ ★ ★

"Doctor, doctor, rwy'n meddwl 'mod i'n bêl snwcer."

"Ewch i ben draw'r ciw."

★ ★ ★

"Doctor, doctor, rwy'n meddwl 'mod i'n fwch gafar."

"Calliwch, yr hen sili Bili."

＊　＊　＊

"Doctor, doctor, rwy'n meddwl 'mod i'n focs o fisgedi."

"Chi yn swnio'n cracyrs i fi."

Y Byd ...

Dyn yn mynd i dorri 'i wallt, a'r barbwr yn clebran yn ddi-baid.

"Ydych chi wedi bod ar 'ych gwylie 'to?"

"Na, ddim 'to."

"Lle chi'n bwriadu mynd?"

"'Wn i ddim. Twrci, falle."

"O, fyddwn i byth yn mynd i Dwrci. Hen fwyd seimllyd sy 'na."

"Wel, Ffrainc falle."

"O, na, peidiwch â mynd i Ffrainc. Ma'n nhw'n bwyta malwod 'no."

Bob man ro'dd y cwsmer yn 'i enwi, ro'dd y barbwr yn gweld bai ar y lle. Ro'dd y cwsmer erbyn hyn wedi ca'l llond bol ac yn falch o ga'l gadel. Ymhen mis, ro'dd e'n ôl gyda'r barbwr. A hwnnw mor gegog ag eriod.

"O, helô. Ydych chi wedi bod ar 'ych gwyliau 'to?"

"Do. Bues i yn yr Eidal."

"O, do fe? Fyddwn i byth yn mynd i'r Eidal. Alla i ddim godde pasta. Ym mha ran o'r Eidal fuoch chi?"

"Y Fatican."

"Y Fatican?! Jiw, jiw, welsoch chi ddim o'r Pab, siawns?"

"Wel, do."

"Fe welsoch chi'r Pab? Pa mor agos oeddech chi ato fe?"

"Reit yn 'i ymyl e. Yn wir, fe na'th e siarad â fi."

"Beth? Alla i ddim credu. Y Pab yn siarad â chi?! Beth ddwedodd e?"

"Wel, fan'ny own i ynghanol y miloedd, ac fe dda'th e draw yn syth ata i a dweud, 'Maddeuwch i fi am ofyn, ond pwy ddiawl o'dd y ffŵl na'th dorri'ch gwallt chi?'"

★　★　★

Americanwr yn mynd ar 'i wylie i Dregaron ac yn troi i mewn i siop hen bethe. Yno, ar y cownter, ro'dd penglog dynol. Ar gerdyn wrth 'i ymyl ro'dd y geirie, 'Ecscliwsif! Penglog Twm Siôn Cati! Pris – dim ond £5,000.'

Fe alwodd yr Americanwr ar y perchennog. "Gwrandwch," medde fe, "ry'ch chi'n dwyllwr."

"Pam y'ch chi'n dweud 'ny?"

"Wel, fe wnes i alw yn 'ych siop chi bum mlynedd yn ôl ac ro'dd penglog Twm Siôn Cati ar werth ma bryd 'ny 'fyd. Ac fe wnes i 'i phrynu hi. A dyma chi nawr yn arddangos penglog Twm Siôn Cati unwaith 'to. A dweud y gwir, mae'r un brynes i yn dipyn llai na hon."

"Siŵr o fod," medde'r perchennog. "'I benglog e pan o'dd e'n ifanc nethoch chi 'i brynu'r tro diwetha. Penglog Twm pan o'dd e'n hen ddyn yw hon."

... a'r Betws

Pregethwr bach iawn yn codi 'i destun yn y pulpud. Dim ond top 'i ben e o'dd yn y golwg.

"Gyfeillion," medde fe, "rwy'n codi 'nhestun heno o Efengyl Ioan, yr wythfed bennod a rhan o'r ddeuddegfed adnod: 'Goleuni y byd ydwyf fi'."

A dyma rhyw wàg yn gweiddi o'r cefen, "Tro'r pabwrn i fyny ychydig bach, gwd boi!"

★   ★   ★

Doedd pethe ddim yn dda rhwng y gweinidog ac un o'r blaenoried. Un nos Sul, cafodd y gweinidog gyfle i dalu hen chwech yn ôl iddo fe. Sylwodd fod y blaenor dan sylw'n cysgu. A'r ganol 'i bregeth, dyma'r gweinidog yn galw ar y gynulleidfa i ddangos 'u hochr.

"Pawb sydd am fynd i'r Nefoedd, safwch ar 'ych traed," meddai.

Cododd pawb ond y blaenor. Ond doedd hyn ddim yn ddigon i'r gweinidog.

Wrth weld y blaenor yn dechre deffro dyma

fe'n galw eto.

"Pawb sydd am fynd i uffern, safwch ar 'ych traed."

Cododd y blaenor yn ffwndrus. "Wn i ddim dros beth ry'n ni'n pleidleisio," medde fe, "ond rwy'n gweld mai dim ond fi a'r gweinidog sydd ar 'yn tra'd."

★   ★   ★

Doedd pethe ddim yn dda rhwng blaenoried Bethel a Salem. A phan gafodd Salem organ newydd, fe a'th pethe hyd yn oed yn wa'th. Un dydd, fe gyfarfu blaenor o'r naill gapel a'r llall ar y stryd.

"Mae organ newydd 'da ni," medde blaenor Salem.

"O's, mae'n debyg," medde blaenor Bethel. "Dim ond mwnci sydd 'i angen ar Salem bellach."

"Ie," medde blaenor Salem. "A dim ond organ sydd 'i angen ar Fethel."

★   ★   ★

Mam yn casglu 'i mab bach o'r Ysgol Sul, a'r gweinidog yn ei chyfarch.

"Mrs Jones fach, fe ddwedodd Joni chi un dda heddi. Ro'dden ni'n sôn am walie Jericho, a dyma fi'n gofyn, 'Pwy na'th ddymchwel walie Jericho?' A dyma Joni chi yn ateb, 'Wel, nid fi, syr'."

"Wel," medde'r fam, "os dwedodd Joni ni nad fe na'th, nid fe na'th. Dyw Joni ni byth yn dweud celwydd."

Fe a'th y wraig adre ac adrodd y stori wrth 'i gŵr, ac ro'dd e yn Gadeirydd y Cyngor Sir. "Wel," medde hwnnw, "rwy'n cytuno â ti. Os dwedodd Joni nad fe na'th, yna dim fe na'th. Ond hyd yn oed petai'r diawl bach wedi dymchwel y walie, dim ond dweud wrtha i o'dd angen. Fe fyddwn i wedi ca'l y Cownsil i'w codi nhw nôl mewn winc'ad, a fydde neb yn gwybod dim."

★   ★   ★

Ro'dd Mrs Jones yn hongian dillad ar y lein pan dda'th y weiren yn rhydd. Pwy o'dd yn digwydd pasio ar y pryd ond y gweinidog. A phan welodd fod Mrs Jones yn methu mestyn yn ddigon uchel i glymu dau ben y lein ynghyd, a'th draw ati.

"Gadewch chi bopeth i fi, Mrs Jones," medde fe. "Rwy'n dalach na chi. Fe wna i glymu'r lein."

Ac fe wna'th. A dyma fe'n troi ati ac yn dweud, "Dyna ni, Mrs Jones. Nawr te, lan â'r dillad 'na!"

A Mrs Jones yn ateb yn swil, "Diolch yn fawr i chi. Ond, diawl, dim ond pecyn o Wdbein own i wedi bwriadu 'i roi i chi!'

Ro'dd Cymro, Sais, Gwyddel ac Albanwr ...

Ro'dd Cymro, Sais, Gwyddel ac Albanwr yn hedfan mewn basged o dan falŵn. Dechreuodd y balŵn ddisgyn oherwydd bod gormod o bwyse yn y fasged. Sylweddolodd y pedwar y bydde'n rhaid i un ohonyn nhw aberthu 'i fywyd er mwyn y lleill. Cododd y Gwyddel a gwaeddi "Erin go brag!" cyn taflu 'i hunan dros yr ymyl. Ond dal i ddisgyn ro'dd y balŵn. Cododd yr Albanwr nesa a gweiddi "Yr Alban am byth!" a neidio dros yr ymyl. Ond dal i ddisgyn ro'dd y balŵn. Yn nesa, cododd y Cymro. Gwaeddodd yn uchel, "Cymru am byth!". Ac fe daflodd y Sais dros yr ymyl.

⋆   ⋆   ⋆

Ro'dd Cymro, Sais, Gwyddel ac Albanwr yn ca'l cyfweliad am swydd mewn maes olew yn y Sahara. Y cwestiwn cynta a gafodd i ofyn iddyn nhw o'dd, "Beth fyddech chi'n mynd gyda chi i wrthsefyll y gwres?" Ateb y Cymro o'dd parasol, i'w godi dros 'i ben yng ngwres yr haul. Dewis y Gwyddel o'dd gwyntyll bychan yn rhedeg â batri. Dewis yr Albanwr o'dd fflasg a allai gadw talpie o rew. Dewis y Sais o'dd drws car. Gofynnodd y tri arall iddo'n syn pam dewis drws car. I ateb e o'dd, "Pan aiff hi'n rhy dwym, fe alla i agor y ffenest."

★ ★ ★

Cafodd Cymro, Sais, Gwyddel ac Albanwr 'u dal gan Osama Bin Laden. Yn hytrach na'u lladd, dedfrydodd e nhw i ugain mlynedd o garchar. Ond cyn 'u cloi, fe gafon nhw ddewis i fynd ag unrhyw beth o'n nhw'n mynnu 'i gadw gyda nhw yn 'u cell. Dewisodd y Cymro fenyw bert. Dewisodd y Gwyddel lond cell o Ginis. Dewisodd yr Albanwr lond cell o wisgi. Dewisodd y Sais lond cell o sigaréts. Pan gafodd dryse 'u celloedd 'u hagor 'mhen ugain mlynedd, da'th y Cymro allan ar 'i draed a'i ddwylo ar ôl mwynhau cwmni'r fenyw. Da'th y Gwyddel allan yn feddw chwil. Felly hefyd yr Albanwr. Pan ofynnwyd i'r Sais sut ro'dd e 'di mwynhau 'i gyfnod yn y carchar, y peth cynta nath e o'dd gofyn, "O's dim matsien yn digwydd bod gen ti?"

★ ★ ★

Cafodd Cymro, Sais, Gwyddel ac Albanwr 'u dal gan Osama Bin Laden (ro'dd y rhain yn bedwar gwahanol). Rhybuddiodd e nhw y bydde fe'n saethu'r pedwar yn 'u tro. Ond cyn iddyn nhw ga'l 'u saethu, fe fydden nhw'n ca'l cyfle i wireddu un dymuniad ola. Dymuniad ola'r Sais o'dd i'r pedwar ga'l clywed criw o gefnogwyr rygbi'n canu 'Swing Low'. Dymuniad ola'r Gwyddel o'dd i'r pedwar ga'l gweld perfformiad llawn o 'Riverdance'. Dymuniad yr Albanwr o'dd i'r pedwar ga'l clywed band llawn o chwaraewyr bagbib. Pan ofynnwyd i'r Cymro beth o'dd 'i ddymuniad ola fe, 'i ateb o'dd, "Plîs, saethwch fi'n gynta!".

★   ★   ★

Ro'dd Cymro, Sais, Gwyddel ac Albanwr yn hedfan mewn Jymbo Jet ar draws Môr Iwerydd pan gyhoeddodd y peilot fod problem.

"Yn anffodus," medde fe, "mae un o'r injans wedi diffodd. Ond peidiwch â gofidio – mae tair ar ôl. Ond fe fyddwn ni awr yn hwyr yn glanio."

Ymhen awr, dyma gyhoeddiad arall. "Mae'n ddrwg da fi 'weud, ond mae ail injan wedi diffodd. Ond peidiwch â gofidio – mae 'da ni ddwy injan yn weddill. Yn awr, fe fyddwn ni ddwy awr yn hwyr yn glanio."

Ymhen awr arall, dyma gyhoeddiad 'to, "Mae'n ddrwg da fi unwaith to i 'weud hyn, ond mae trydedd injan wedi diffodd. Ond peidiwch â gofidio – mae 'da ni un injan ar ôl. Er, fe fyddwn ni nawr dair awr yn hwyr yn glanio."

"Lwcus bod un injan ar ôl," medde'r Cymro.

"Lwcus iawn," medde'r Gwyddel.

"Ie," medde'r Albanwr, "rwy'n cytuno."

"Ond, diawl," medde'r Sais, "gobeithio na 'neith yr injan ola ddiffodd neu fe fyddwn ni fyny 'ma drwy'r blydi nos!"

★   ★   ★

Da'th Sais (Brymi) i'r gwaith ar safle adeiladu un bore yn cario rhywbeth anarferol yn ei fag bwyd. Pan ofynnwyd iddo beth o'dd ganddo fe, atebodd, "Fflasg *Thermos*."

Gofynnodd un o'i gydweithwyr, "I beth mae honno'n dda?"

"Mae hon," medde'r Brymi, "yn cadw pethe oer yn oer a phethe twym yn dwym."

"Wel," gofynnodd 'i gydweithiwr, "beth sydd ynddi 'da ti ar hyn o bryd?"

A dyma'r Brymi'n ateb, "Peint o goffi a llwyed o hufen iâ."

★   ★   ★

Glywsoch chi am y pry pren a fu farw yn Birmingham? Dethon nhw o hyd i'w gorff mewn bricsen.

*   *   *

Wrth i weithwyr chwalu hen adeilad yn Walsall, dethon nhw o hyd i sgerbwd dynol yn y twll dan y grisie. Yn crogi o gwmpas ei wddf ro'dd medal ar tsaen. Ar y fedal ro'dd y geirie, 'Pencampwr Chwarae Cuddio Lloegr, 1921.'

Pencampwr Chware Cuddio Lloegr, 1921

Jôcs Gwyddelig
(cadarnhaol) ...

R o'dd Sais wedi prynu tŷ haf yng Nghonnemara, ac un dydd ro'dd e'n yfed mewn tafarn fach wledig. Dim ond un cwsmer arall o'dd 'no – hen Wyddel bach lleol. Dechreuodd ci'r Sais grwydro draw at y Gwyddel bach, ac ro'dd hwnnw wrth 'i fodd gyda'r hen gi.

"Wel, wel, rwyt ti'n gi bach pert," medde'r Gwyddel.

Cydiodd y Sais yn nhennyn y ci a'i dynnu'n ôl. "Dere nôl, Winston," meddai – yn Saesneg, wrth gwrs.

Cyn hir, fe a'th yr hen gi'n ôl at y Gwyddel, a dechreuodd hwnnw 'i anwesu 'to.

"Wel, wel, rwyt ti'n gi bach ffel."

"Dere nôl, Winston," medde'r Sais. A phlwc arall i dennyn y ci.

Ond yn ôl 'to yr a'th yr hen gi, a'r Gwyddel bach yn dal i'w anwesu.

"Wel, wel, rwyt ti'n gi bach pert. Pa frîd fydde ci bach fel ti, tybed?"

A'r Sais yn tynnu'r ci yn ôl ac yn ateb. "Mae e'n hanner Gwyddel ac yn hanner mwnci."

A'r Gwyddel yn ateb, "Wel, clod i Dduw – mae e'n perthyn i'r ddau ohonon ni!"

★   ★   ★

Sais yng nghefn tacsi ar 'i ffordd i'r maes awyr ger Dulyn, ac yn teithio tua deng milltir yr awr. Ro'dd y Sais braidd yn ddiamynedd ac yn ofni y bydde fe'n colli 'i awyren. Dyma fe'n curo ar y ffenest rhyngddo â'r gyrrwr.

"Ie?" medde'r gyrrwr. "Beth fedra i 'i neud i chi?"

"Fedrwch chi ddim mynd yn gynt?"

"Medra," medde'r gyrrwr, "ond do's gen i ddim hawl gadel y car."

★   ★   ★

Gwyddel yn gyrru adre o'r dafarn ac yn woblo yn igam-ogam o un ochr i'r ffordd i'r llall. Plismon yn 'i stopio, ac yn agor drws y gyrrwr.

"Murphy," medde'r plismon, "rwyt ti'n feddw."

"Diolch i Dduw," medde Murphy, "rown i'n rhyw ofni bod rhwbeth o'i le ar y llyw."

★   ★   ★

Menyw fach yn dod adre drwy faes awyr Knock ar ôl bod yn Lourdes. Dyma swyddog y tolle'n agor 'i bag ac yn dod o hyd i boteled o hylif clir.

"Beth yw hwn, madam?"

"Dŵr sanctaidd o Lourdes."

Dyma'r swyddog yn tynnu'r corcyn ac yn gwynto'r cynnwys. "Madam, fodca yw hwn."

"Clod i Dduw!" medde'r Wyddeles fach. "Gwyrth arall!"

★   ★   ★

Mae traddodiad yn Swydd Kerry bod unrhyw un sy'n gofyn cwestiwn yn derbyn cwestiwn fel ateb. Pan ddarllenodd pâr o America hyn, dyma roi prawf ar yr honiad. Pan welson nhw ddyn lleol yn dod i'w cyfarfod, dyma'r Americanwr yn gofyn, "Esgusodwch fi, syr. Ond ydi e'n wir bod rhywun o Kerry, pan gaiff gwestiwn, yn ateb gyda chwestiwn?"

Fe edrychodd y dyn bach braidd yn od cyn dweud, "A phwy ddiawl ddwedodd 'na wrthoch chi?"

★   ★   ★

Meddwyn mewn dawns yng ngorllewin Iwerddon pan welodd rywun yn y pellter mewn gwisg goch, laes. Draw ag e, a phlygu o flaen y ffigwr.

"Esgusodwch fi, o freuddwyd mewn coch. Ond ga i'r pleser o rannu'r *waltz* ola hon 'da chi?"

Fe gafodd ateb annisgwyl.

"Gadewch i fi'ch cywiro ar dri pwynt. Yn gynta, nid *waltz* yw hon. Yn ail, nid hon yw'r ddawns ola. Ac yn drydydd, ac yn bwysicach, dydw i ddim yn freuddwyd mewn coch. Fi yw Esgob Galway."

★   ★   ★

Ro'dd Pat Mulligan yn dywysydd ar fws yn teithio o gwmpas Iwerddon ar deithie hanesyddol. Pat fydde'n sgwrsio â'r teithwyr wrth iddyn nhw fynd o fan i fan. Ar y bws ro'dd cymysgedd o Wyddelod, Americanwyr, Saeson ac Albanwyr – cymysgedd o ddynoliaeth.

Wrth i'r bws gychwyn o ganol Dulyn, dyma Pat yn cychwyn ar 'i waith.

"Yma, yn y Swyddfa Bost yn Nulyn, ym mis Ebrill 1916, y gwna'th Pearse a Connolly a'u dynion chwalu'r Saeson."

Ro'dd ambell i deithiwr yn edrych braidd yn chwilfrydig. Ond mla'n yr a'th y bws gan stopio nesa yn Arklow. A dyma Pat wrthi 'to.

"Y ddelw welwch chi fan 'na yw delw o'r Tad Murphy. Yn 1798 fe giciodd e'r Saeson yn 'u tine a'u gyrru nhw adre dros y môr."

Dyma fwy o embaras i'r teithwyr, a'r bws yn
ailgychwyn am Wexford. Yno, dyma Pat wrthi 'to.

"Yma, ar Vinegar Hill, y chwalodd John Kelly
gannoedd o Saeson yn rhacs jibidêrs."

Distawrwydd llethol unwaith 'to. Ac ymlaen â'r
bws i Kilmichael, a Pat yn codi 'to.

"Yma, ar Dachwedd 28ain 1920, fe na'th Tom
Barry a'i ddynion ladd pymtheg o filwyr Seisnig. Ac
fe na'th y gweddill lenwi 'u trowseri cyn dianc yn
ôl i Loegr."

Erbyn hyn, ro'dd un Sais yn arbennig wedi ca'l
llond bola, a dyma fe'n codi yn y cefen.

"Esgusodwch fi," medde fe, "dydw i ddim am
fod yn od. Ond do's 'na ddim unrhyw enghraifft o'r
Saeson yn curo'r Gwyddelod?"

"Hwyrach bod yna," medde Pat. "Ond ddim ar
y blydi bws 'ma!"

★   ★   ★

Beth sy 'di 'i ysgrifennu ar garreg fedd y Gwyddel
caleta yn Iwerddon?
'Ar bwy ddiawl rwyt ti'n edrych?'

★   ★   ★

Ydyn hyna yn Nulyn – ro'dd e'n 104 – yn ca'l 'i holi ar y teledu. Ro'dd hwn, wrth gwrs, wedi byw drwy Wrthryfel y Pasg, Rhyfel y Tans, y Rhyfel Cartre a phob math o ddigwyddiade er'ill yn hanes Iwerddon. Ar ddiwedd y cyfweliad, dyma'r holwr yn gofyn y cwestiwn y bydde pawb yn 'i ddisgwyl.

"Seán, petaech chi'n ca'l byw 'ych bywyd drwyddo unweth 'to, fyddech chi'n dymuno newid unrhyw beth?"

Fe feddyliodd Seán am sbel cyn ateb. "Byddwn. Petawn i'n ca'l byw 'y mywyd drwyddo i gyd unweth 'to, rwy'n meddwl y gwnawn i rannu 'ngwallt lawr trwy'r canol."

Jôcs Gwyddelig (gwir) ...

Un noson, ar ôl bod allan yn yfed yn hwyr iawn gyda hanner dwsin o ffrindie, fe ddychwelodd Brendan Behan adre yng nghanol y criw tua thri o'r gloch y bore. Dyma un o'r criw yn canu cloch y drws yn Anglesea Road, a gwraig Brendan yn ateb yn ei choban, gan deimlo braidd yn ddig.

"Ble ddiawl ry'ch chi 'di bod?"

"Sori, Beatrice," medde'r cyfaill. "Mae'n ddrwg 'da ni 'yn bod ni mor hwyr. Ond gwna un ffafr â ni. Dangos i ni p'un ohonon ni yw Brendan, wedyn fe all y gweddill ohonon ni fynd adre."

★   ★   ★

Pan glywodd y bardd Patrick Kavannagh y byddai'n rhaid iddo fe dreulio tridiau yn yr ysbyty, daliodd ar y cyfle i ofyn i Brendan Behan beintio'i fflat tra bydde fe i ffwrdd. Pan ddychwelodd, roedd Brendan wedi peintio'r fflat yn ddu – y waliau, y nenfwd, y celfi a hyd yn oed gwydrau'r ffenestri. Fe aeth Paddy yn gandryll, a gwrthododd siarad â Brendan wedyn.

Aeth misoedd heibio, a cheisiwyd cael y ddau i drefnu cadoediad. Cytunwyd, a threfnwyd i gwrdd yn Mooney's yn Baggot Street un bore am ddeg o'r gloch. Daeth torf sylweddol ynghyd i weld y ddau yn ysgwyd llaw.

Yn ystod y bore, symudodd y ddau ymlaen o dafarn i dafarn. Erbyn tua 6.00 y nos roedden nhw wedi cyrraedd tafarn The Hole in the Wall yn Glasnevin, tua phedair milltir o'u man cychwyn.

Sylwodd Paddy Kavanagh ar ddyn yn y bar a oedd wedi bod yn bresennol ym mhob un o'r tafarndai y bu ef a Brendan ynddynt. Dywedodd hynny wrth Brendan, ac aeth hwnnw draw at y dyn a chydio yn ei goler.

"Wyt ti'n ein dilyn ni, y bastard?" gofynnodd Brendan

"Ydw," medde'r dyn. "Fi yw'r gyrrwr tacsi wnaethoch chi ei hurio'r bore 'ma."

*　　*　　*

Stephen Behan, tad Brendan, yn datgelu y bydde 'i fab wedi hoffi bod yn blismon. "Ond wnaen nhw mo'i dderbyn. Rown i a'i fam yn briod."

*　　*　　*

Stephen Behan yn egluro sut y gallech chi ga'l hanner cant o Aelode Seneddol i mewn i gar mini: "Etholwch un ohonyn nhw'n Brif Weinidog, ac fe ddiflannith y gweddill i fyny twll 'i din e."

★　　★　　★

Ym mar yr Hideout yn Kilcullen mae braich dde
bocsiwr o'r enw Dan Donnelly wedi 'i phiclo a'i
harddangos mewn cas gwydr. Ar gyfer 'Hel Straeon'
dyma holi'r tafarnwr, Des Byrne.

"Mae'r fraich hon yn siŵr o fod yn unigryw?"

"O, ydi wir, yn gwbl unigryw. Cyn belled ag y
gwn i, dim ond un fraich dde o'dd 'da fe."

★　　★　　★

Criw 'Hel Straeon' yn ymweld â Ros Muc yng
Nghonnemara gyda chriw o Ffostrasol ac yn
trefnu sgwrs rhwng Emyr Penrhiw, sy'n saer maen
ac yn arbenigo ar gerrig bedde, â dyn lleol o'dd yn
neud yr un gwaith. Fe ofynnodd Emyr i'r dyn am
hanes marmor Connemara.

"Rwy'n falch i chi ofyn," medde'r dyn. "Mae
marmor Connemara yn bum can miliwn o flynyddoedd
oed – wel, o fewn blwyddyn neu ddwy beth
bynnag."

★　　★　　★

Gyrrwr tacsi yn adrodd 'i hanes yn gyrru dau Americanwr i faes awyr Dulyn, ac wrth stopio ar olau coch, yn troi atyn nhw i sgwrsio. Cyn hir, fe glywodd rywun yn curo ar ffenest y gyrrwr. Trodd, a gweld fod y golau wedi troi i wyrdd, a menyw fach o warden traffig yn sefyll 'no.

"Dwedwch wrtha i, syr," medde hi, "ydych chi'n disgwyl am fath arbennig o wyrdd?"

*   *   *

Yn y Falls Road yn Belffast ro'dd cymeriad, a gâi 'i adnabod fel Crazy Horse, yn byw. 'I hoff weithgaredd o'dd tynnu ar filwyr Prydain a gweiddi pethe cas arnyn nhw. Un dydd, dyma fe'n gweiddi ar filwr bach ifanc ar draws y stryd.

"Twll din y Cwîn!"

Fe drodd y milwr a gwenu, gan geisio ysgafnhau'r sefyllfa.

"Popeth yn iawn," medde fe. "Cymro 'dw i."

A Crazy Horse yn ateb, "Os hynny, twll din Harry Secombe 'fyd te!"

*   *   *

Jimmy Boyle o Mullingar yn nhafarn yr Old Stand yn gofyn i griw o Gymry,

"Bois, ydych chi eriod wedi llwyddo i neud dwy

fenyw'n hapus ar yr un pryd?"

"Nac ydyn."

"Wel, mi ydw i."

"Pwy oedden nhw?"

"Y fenyw wnes i ddim 'i phriodi, a'i blydi mam!"

★   ★   ★

Jimmy Boyle wedyn yn honni iddo fod, unwaith, yn genhadwr yng nghanol canibaliaid yn Affrica. Un dydd, cafodd wahoddiad i ginio a'i osod i eistedd rhwng Brenin y Canibaliaid a'i fab. Ar ganol y wledd, fe drodd y mab at 'i dad.

"Dad," medde fe, "dw i ddim yn leicio 'y mam yng nghyfreth rhyw lawer."

"Popeth yn iawn," medde'r tad, "gad hi ar ochr dy blât a bwyta dy tships."

★   ★   ★

Crog-hedfanwr o ogledd Cymru'n hedfan dros gefen gwlad gorllewin Iwerddon ac yn gorfod disgyn ar fyrder. Fe ddisgynnodd yn bendramwnwgl yng nghanol cae tatws rhyw dyddyn. Fe ruthrodd y tyddynnwr allan a gweld y crog-hedfanwr yn camu allan o blith y gwrysg tatw.

"Diolch i Dduw," medde fe. "Ry'ch chi'n ddiogel. Ond ydi'r teithwyr yn fyw?"

* * *

Mae Barney McKenna, chwaraewr banjo a mandolin y Dubliners, yn enwog am 'i hanesion ecsentrig. Un tro, ro'dd e a'r ffidlwr, John Sheahan, yn perfformio yng Ngwesty Grooms dros y ffordd i'r Gate Theatre pan gerddodd tri actor swnllyd i mewn. Fe'u ceryddwyd gan Barney. Fe drodd y lleia o'r actorion ato a'i fygwth.

"Cau dy geg, neu mi hitia i di."

A Barney'n ateb, "Os wnei di, a finne'n dod i w'bod am y peth, yna mi ladda i di."

* * *

Prin y gall Barney weld drwy 'i sbectol drwchus, ac mae hynny'n 'i neud yn yrrwr peryg. Un dydd, ro'dd y pibydd, Finbar Fury, gydag e yn y car. Cafodd Finbar gymaint o ofon wrth i Barney yrru'n wyllt nes iddo weiddi arno i stopo.

"Be ddiawl sy'n dy boeni di?" medde Barney. "Fe ddylet ti fod 'da fi pan fydda i ar 'y mhen 'yn hunan."

* * *

Barney wedi colli allwedd 'i stafell wely, ac yn ceisio mynd i mewn am bedwar o'r gloch y bore.

Dyna lle'r o'dd e, yn eistedd y tu allan i'w stafell ac yn tynnu 'i sgidie.

"Be sy'n bod?" gofynnodd un o'r bois erill.

"Wedi colli fy allwedd."

"Wel, be wnei di nawr?"

"Cicio'r drws lawr."

"Pam, felly, wyt ti'n tynnu dy sgidie?"

"Dydw i ddim am ddihuno neb, felly fe gicia i'r drws lawr yn dawel."

★   ★   ★

R o'dd y Dubliners ar daith yn yr Almaen a Barney wedi bod yn absennol o dri chyngerdd. Fe gyrhaeddodd yn ôl yn hamddenol ar gyfer y cyngerdd nesaf fel petai heb fod i ffwrdd o gwbl. Fe'i ceryddwyd gan Ronnie Drew.

"Barney, lle ddiawl rwyt ti wedi bod?"

A Barney'n ateb yn ddidaro, "Sweden."

★   ★   ★

B arney a Ronnie, cyn i'r Dubliners ddod yn enwog, yn cysgu ar ben tas wair yng Nghonnemara ac yn ca'l 'u dihuno am chwech o'r gloch y bore gan sgrech yr ŷd, neu rygarug. A dyma Barney'n dechrau athronyddu.

"Ronnie, mae sgrech yr ŷd yn aderyn trist iawn."

"Pam, Barney?"

"Dim ond dau nodyn sy 'da fe – ac mae'r ddau yn blydi fflat."

★   ★   ★

Ro'dd prif fandie Iwerddon ar daith drwy Ewrop, ac fel rhan o'r daith dyna lle'r o'dd y cwbl ohonyn nhw ar yr un awyren yn barod i godi o faes awyr Munich. Ro'dd ofon hedfan ar Luke Kelly, prif ganwr y Dubliners, a dyna lle'r o'dd e'n crynu wrth i'r awyren ddechre symud.

"Be ddiawl yw'r mater arnot ti?" medde Ronnie Drew. "Os yw dy amser di 'i fyny, mae dy amser di 'i fyny."

A Barney o'r sedd y tu blaen iddyn nhw'n dweud, "Iawn, ond beth os mai amser y peilot sy i fyny?"

★   ★   ★

Jôc gan Barney am bobol Swydd Kerry.
Beth yw'r gwahaniaeth rhwng Maffia America a Maffia Swydd Kerry?

Mae Maffia America yn gwneud cynnig na fedrwch chi mo'i wrthod. Mae Maffia Swydd Kerry yn gwneud cynnig na fedrwch chi mo'i ddeall.

Hanesion gwir (lleol)

Jac Bwlch Ffin yn cerdded i'r dre i siopa amser y Rhyfel ac yn gweld criw o fois yr hewl yn eistedd ar fo'n y clawdd yn sgwrsio.

"Beth yw'r pwnc, bois?" gofynnodd Jac.

"Y Rhyfel," medde'r fforman. "Rhyw feddwl beth wnaen ni â Hitler petaen ni'n 'i ddal e."

"Diawl," medde Jac, "fe fydden i'n 'i roi e mewn injan tshaffo a'i falu fe'n fân."

"Ond, Jac," medde'r fforman, "fe fydde honno'n farwolaeth rhy sydyn iddo fe."

"Na fydde," medde Jac, "dim ond ca'l un o fois yr hewl i droi'r handl."

*   *   *

Criw o fois yr hewl ar sgwâr Tregaron, ac un ohonyn nhw'n ffonio'r bòs, Eser Evans.

"Eser, ry'n ni i gyd ar y sgwâr, ond dyw'r rhofie ddim 'di cyrraedd."

"Popeth yn iawn, bois," medde Eser, "Pwyswch ar 'ych gilydd nes cyrhaeddan nhw."

*   *   *

Jac yn eistedd o dan ddelw Henry Richard ar sgwâr Tregaron ac yn teimlo rhyw gosi o dan 'i gesail. Dyma fe'n gwthio'i law o dan 'i grys, a phan dynnodd 'i law allan, ro'dd dwy chwannen arni. Fe neidiodd un i ffwrdd.

"Euog, myn yffarn i," medde Jac, a gosod y llall yn ôl dan 'i gesail.

*   *   *

Criw o fois yn Nhafarn Ffair Rhos, ac yn 'u plith ffermwr defed amlwg iawn yn y fro. Fe dda'th yn dro i un o'r bois dalu, a dyma ofyn i'r ffermwr defed beth o'dd e isie i'w yfed.

"Wisgi," medde hwnnw, "ond mae'n anodd penderfynu pa fath o wisgi."

"Diawl," medde'r talwr, "cymer Grants. Rwyt ti wedi byw arnyn nhw erio'd."

*   *   *

Ro'dd Alun Griffiths (Alun y Glo) yn un o ffyddloniaid yr Hydd Gwyn ddiwedd y chwedege. Ro'dd tueddiad yn Alun i bendwmpian am ychydig eiliade cyn dihuno'n sydyn. Tra o'dd e'n pendwmpian un noson, da'th menyw go fawr i mewn a sefyll rhwng Alun a'r bar. Dihunodd Alun yn sydyn

"Damio di, Jac," medde'r ffermwr.
"Edrych lle ti'n mynd!"

a gweld o'i flaen gefn y fenyw, a o'dd yn gwisgo ffrog wen a blode mawr cochion arni.

"Jiw, jiw, Mrs Jones," medde Alun wrth y dafarnwraig, "wyddwn i ddim bo chi wedi papuro!"

★　★　★

Ro'dd gan Jac Bwlch Ffin lygaid tro. Felly hefyd y ffermwr o'dd yn 'i gyflogi fe. Un dydd, a'r ddau yn dod i gwrdd â'i gilydd heibio i dalcen y tŷ, fe drawodd y ddau i mewn i'w gilydd.

"Damio di, Jac," medde'r ffermwr. "Edrych lle ti'n mynd!"

"Dim 'y mai i o'dd e," medde Jac. "Cer di'r ffordd ti'n edrych."

★　★　★

Un dydd, ro'dd un o gymeriade mawr Aberystwyth, Paul Edwards, yn gwerthu crancod lawr ar Bromenâd y De. Ar waelod 'i fwced, ro'dd un cranc ar ôl. Fe stopiodd fenyw o Ganolbarth Lloegr a dechrau ei holi.

"Cranc yw hwnna?"

"Ie, musus."

"Faint yw e?"

"Punt a hanner can ceiniog."

"Os bryna i fe, beth ydw i fod 'i neud ag e? Ei

goginio fe?"

"Nage, musus. Ewch ag e adre, gosodwch e ar y lawnt, ac fe dorrith y blydi porfa i chi!"

*   *   *

R o'dd gyrrwr personol gan un o'r meddygon lleol, a'r gyrrwr hwnnw'n dueddol o hitio'r botel. Un dydd, fe dda'th galwad i'r doctor ymweld â chlaf a o'dd yn byw rai milltiro'dd i ffwrdd. A'th i alw am y gyrrwr, ond ro'dd hwnnw'n feddw gaib.

"Twt, twt," medde'r doctor yn drist. "Yn feddw heddi 'to."

A'r gyrrwr yn rhoi 'i law ar ysgwydd y meddyg ac yn dweud, "'Peidiwch â becso dim, doctor bach. Rwy inne wedi ca'l un neu ddau 'fyd."

*   *   *

R o'dd Sam Rock Villa yn storïwr celwydd gole heb 'i ail. Un dydd, fe ddisgynnodd rhywun oddi ar y bws ar y Sgwâr Fach a digwydd dweud mor anwadal o'dd y tywydd. Ro'dd hi'n braf yn y Bont ond yn glawio'n drwm yn Nhregaron.

"Fel 'na ma hi," medde Sam. "Rwy'n cofio pan own i'n gweithio yn y gwaith glo yng Nglyncorrwg, a Twm Williams a finne'n penderfynu dod adre un bore dydd Sul. Wrth i fi starto'r motor-beic, ro'dd hi'n dechre glawio, ac fe ddwedodd Twm wrtha i am wasgu arni er mwyn osgoi'r glaw. A, diawl, fe wnes i. Fe gyrhaeddais i'r Bont fan hyn o flaen y gawod. Ond ro'dd Twm, ar y pilion, yn wlyb at 'i groen."

★   ★   ★

Un o'r bois yn brolio iddo y diwrnod cynt ddal hanner dwsin o gwningod gyda'i ffuret. A Sam, wrth gwrs, wedi gweld gwell.

"Rwy'n cofio ffureta yng nghoed Llwyngronwen," medde Sam, "ac ro'dd 'na gymaint o gwningod yn y warin fel y bu'n rhaid i fi dynnu tair-ar-ddeg ohonyn nhw allan i wneud lle i'r ffuret fynd i mewn."

★   ★   ★

Sam a'i fêts yn sefyll yn rhes ar y sgwâr fach. Yno ro'n nhw'n sefyll, yn un rhes, a phob un yn pwyso ar 'i ffon, pan arhosodd y gweinidog am sgwrs a gofyn sut oedden nhw.

"Walters bach," medde Sam, "ry'n ni fel y gwelwch chi ni. Ry'n ni fel rhes o blydi cidni bîns."

★   ★   ★

Wil Aberdŵr, ewythr i fi, yn gweld plentyn bach ar 'i ffordd adre o'r ysgol. A Wil yn ei holi.

"Ddysgest ti rywbeth heddi?"

"Do."

"Be ddysgest ti?"

"Syms."

"Reit. Faint yw dau a dau?"

"Pump."

"Diawl, ti siŵr o fod yn iawn. Ro'dd e'n bedwar pan own i yn yr ysgol."

★   ★   ★

Ro'dd Sam yn hofi brolio cnyde 'i ardd, ac, un dydd, wrth i rai o fois y sgwâr sôn am 'u gerddi nhw, fe fydde Sam yn troi'r stori. Soniodd am y tro y collodd y fuwch, a methu â dod o hyd iddi yn unman. Ar ôl chwilio am ddyddie, fe ffindiodd e hi. Ro'dd hi wedi mynd i gysgu y tu ôl i gabatshen.

★   ★   ★

Un o fois yr hewl o'dd Wil, ac un dydd ro'dd e'n brwsio'r ffordd ar sgwâr Tregaron. Gerllaw, ro'dd ci wedi gwneud 'i fusnes ar ris drws siop Rhydyronnen. A dyma berchennog y siop yn gofyn i Wil frwsio'r llanast i ffwrdd.

"Dim o gwbwl," medde Wil. "Dyn undeb ydw i. Dwi ddim fod brwsio ar unrhyw eiddo preifat."

Ro'dd hi wedi mynd i gysgu y tu ôl i gabatshen.

"Wel," medde dyn y siop, "be wna i â'r llanast 'ma?"

"Cer ag e lan i Swyddfa'r Heddlu," medde Wil, "ac os na fydd neb wedi'i hawlio fe ymhen pythefnos, fe gei di 'i gadw fe."

★   ★   ★

Wil o'dd y torrwr bedde yn Nhregaron. Un dydd, da'th pobol ddieithr i'r fynwent tra o'dd Wil wrthi'n cloddio. Yn naturiol, dechreuodd y dieithriaid sgwrsio â Wil.

"Mae llawer iawn o fedde 'ma."

"O's," atebodd Wil.

"Mae'n rhaid bod pobol yn marw'n aml 'ma."

"Na," medde Wil, "mae unwaith yn ddigon fel arfer."

★   ★   ★

Ro'dd un o gydweithwyr Wil yn edliw iddo un diwrnod mai hen swydd ddiflas o'dd torri bedde. A Wil yn ateb, "Mae hi'n swydd bwysig, gwd boi. Mae 'na gannoedd o tana i."

★   ★   ★

Ro'dd Wil yn westai yn 'y mhriodas i, ac fe ofynnodd i fi i ble rown i a Jên yn mynd ar ein mis mêl.

"I Ddulyn," meddwn i.

"Ar y llong?"

"Ie."

"Wel, mae hi'n mynd i fod yn noson stormus. Os byddi di ar y dec yn chwydu, ac yn teimlo rhywbeth caled yn dod fyny i dy wddw, llynca fe nôl ar unwaith."

"Pam?"

"Ringen twll dy din di fydd hi."

*   *   *

Wil wrthi'n brwsio un diwrnod arall ar sgwâr Tregaron, a'r gweinidog yn tynnu 'i sylw at y ddau dwll o'dd ym mhen y brwsh, y naill yn dal y goes a'r llall yn wag. Eu pwrpas, wrth gwrs, o'dd er mwyn symud y goes o un i'r llall wedi i un ochr o'r brwsh dreulio.

"Beth yw pwrpas yr ail dwll yna ym mhen y brwsh?" gofynnodd y gweinidog.

A Wil yn ateb, "Dyna brofi faint wyddoch chi am waith. Yn y twll yna y bydda i'n gosod y gannwyll pan fydda i'n gweithio'r nos."

Welsh
Valleys
Humour

David
Jandrell

Y llyfr a oedd ar frig rhestrau gwerthu Saesneg
y Cyngor Llyfrau eleni. Ond Saesneg y Cymoedd
sydd yma, nid Saesneg y Sais. Darllenwch am
fywyd a chwedloniaeth y Cymoedd a'r hiwmor
a'r jôcs sy'n eu cadw nhw i fynd.

Yn y gyfres *It's Wales.*

£3.95
ISBN: 0 86243 736 9

CYFRES  TI'N JOCAN

Y gyfres newydd am hiwmor y Cymry.
Hefyd ar y gweill:

**HIWMOR DAI JONES
HIWMOR IFAN TREGARON
HIWMOR CHARLES**

Mwy i ddilyn!

I gyd am ddim ond £3.95 yr un.
Yr anrheg perffaith
i chi'ch hunan
neu i'r fam-yng-nghyfraith.

Am restr gyflawn o lyfrau doniol a difrifol
Y Lolfa, mynnwch gopi o'n Catalog
newydd, rhad – neu hwyliwch i mewn i'n
gwefan

www.ylolfa.com

i chwilio ac archebu ar-lein.

y Lolfa

TALYBONT CEREDIGION CYMRU SY24 5AP
e-bost ylolfa@ylolfa.com
gwefan www.ylolfa.com
ffôn (01970) 832 304
ffacs 832 782